Alexey Imamov

Wie können Tischtennis und Stehen auf Nägeln einer Person helfen?

Alexey Imamov

Wie können Tischtennis und Stehen auf Nägeln einer Person helfen?

Trainerverlag

Cover image: www.ingimage.com

Publisher:
Der Trainerverlag
is a trademark of
Dodo Books Indian Ocean Ltd., member of the OmniScriptum S.R.L Publishing group
str. A.Russo 15, of. 61, Chisinau-2068, Republic of Moldova Europe
Printed at: see last page
ISBN: 978-3-8417-5959-7

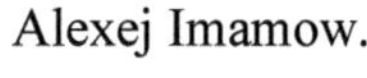
Alexej Imamow.

Wie können Tischtennis und Stehen auf Nägeln einer Person helfen?

Wer Tischtennis für einen leichten Sport hält, täuscht sich. Obwohl es scheint, dass zwei Personen stehen und sich gegenseitig einen Ball zuwerfen. Nun, was kann hier schwierig sein? Das denken nur die, die noch nie Tischtennis gespielt haben.

Tatsächlich entwickelt "Ping-Pong" nicht nur viele körperliche, sondern auch moralische und willentliche Qualitäten. Dies sind Stärke, Geschicklichkeit, Reaktionsschnelligkeit und die Fähigkeit, die Situation am Spieltisch vorherzusagen und vorauszusehen. Beim Tennisspielen wird auch die Feinmotorik gefördert. Aber schauen wir uns alles der Reihe nach an.

In einer Sportart wie Tischtennis wird keine Kraft im eigentlichen Sinne entwickelt. Natürlich sind beim Tennisspielen die Armmuskeln nicht die gleichen wie bei Bodybuildern. Aber die Muskeln werden zweifellos stärker, da das Schultergelenk, der Bizeps und der Trizeps sowie die Muskeln der Hände arbeiten.

Kraft bezieht sich hier auf die Kraft der Handbewegung. Wenn es darum geht, den Gegner scharf anzugreifen, ihn am Tisch zu überraschen, müssen die Schläge auf den Ball kraftvoll und stark sein, dh so, dass der Gegner nicht rechtzeitig darauf reagieren kann. Hinzu kommt die Arbeit der Beinmuskulatur, die ständig in Bewegung und Spannung ist.

Was Geschicklichkeit und Reaktionsschnelligkeit betrifft, entwickelt Tischtennis diese Eigenschaften perfekt. Schließlich fliegt der Ball bei einem guten Spiel sehr schnell, um also keine Punkte zu verlieren, müssen Sie mit der ganzen Geschicklichkeit und Geschwindigkeit agieren, zu der der Spieler fähig ist.

Normalerweise entwickelt sich die Situation am Tisch sofort, also müssen Sie auch einige Fähigkeiten haben, um die Zukunft vorherzusehen. Und nur für den Bruchteil einer Sekunde, um die Aktion des Gegners zu antizipieren, der Flugrichtung des Balls und der Wucht des Schlags zuvorzukommen, den Aktionsplan aufzudecken und zu täuschen und daher - zu schlagen.

Eine sehr große Last in diesem Spiel fällt auf die Füße der Spieler. Die Beine leisten hervorragende Arbeit, um den Athleten um den Tisch zu bewegen, ihre Arbeit ist ein wichtiger Faktor im Spiel und beim Erreichen des gewünschten Sieges. Daher ist es nicht verwunderlich, dass die Beinmuskulatur von Tennisspielern sehr gut trainiert ist, was die Leistung in anderen Sportarten, wie zum Beispiel Laufen, deutlich verbessern kann. Dadurch kann Tischtennis in das Trainingssystem einiger Athleten aus anderen Sportarten aufgenommen werden.

Und natürlich bringt Tischtennis einen enormen gesundheitlichen Effekt auf das Herz-Kreislauf- und Atmungssystem. Schließlich werden die Herzmuskeln beim Wechsel von einer Seite des Tisches zur anderen einer Belastung ausgesetzt, die mit einem Lauf über unwegsames Gelände vergleichbar ist. Und je besser das Herz trainiert ist, desto geringer ist das Risiko für Herzerkrankungen.

Auch das Atmungssystem kann sich während des intensiven Spiels entwickeln und eine sehr nützliche Wirkung haben. Es gibt eine ständige Belüftung der Lunge, verbessert und trainiert ihre Arbeit.

Sie können die positive Wirkung des Trainings auf das menschliche visuelle System nicht ignorieren. Besonders nützlich ist dieser Sport für diejenigen, die viel Zeit am Computer verbringen. Die Augen sind ständig überanstrengt und müde. Beim Tennisspielen wird die Augenmuskulatur trainiert, denn die Augen müssen der rasanten Bewegung des Balles folgen, aber auch Zeit haben zu reagieren und gleichzeitig die Aktionen des Gegners noch beobachten.

Nun, "Ping-Pong" hat zweifellos einen großen Einfluss auf die Bewegungskoordination, da Sie Zeit haben müssen, um den fliegenden Ball zu schlagen, und zu diesem Zweck können Sie nicht auf präzise und koordinierte Bewegungen des gesamten Körpers verzichten.

Tischtennis entwickelt nicht nur persönliche, sondern auch geschäftliche Qualitäten im Charakter eines Menschen.

Tischtennis ist auch für Menschen mit Herz-Kreislauf- und Atemwegsbeschwerden sinnvoll. Die gesundheitsfördernde Wirkung, die sich positiv auf diese Körpersysteme auswirkt, wird im Prozess der Durchführung einzigartiger Lektionen mit dieser Patientenkategorie nach der Methode meines Autors bewiesen.

Mal sehen, was der Punkt ist. Wenn sich der Spieler während des Spiels von einer Seite des Tisches zur anderen bewegt, werden die Herzmuskeln einer Belastung ausgesetzt, die mit der des Laufens vergleichbar ist. Die Vorteile des Herztrainings sind folgende: Je besser Sie Ihren Herzmuskel trainieren, desto geringer ist das Risiko für Herz-Kreislauf-Erkrankungen, einschließlich Herzinfarkt. Dieses Problem ist unter den gegenwärtigen Bedingungen sehr relevant, da Herz-Kreislauf-Erkrankungen den ersten Platz unter den Todesursachen in der Bevölkerung einnehmen.

Welche Vorteile hat Tischtennis für die Atemwege des Körpers? Aufgrund der Atembewegungen kommt es zu einer ständigen Belüftung der Lunge, deren Indikator das Atemminutenvolumen (MOD) ist – die Luftmenge, die 1 Minute lang durch die Lunge strömt. Im Ruhezustand beträgt die MOD 5-8 Liter und bei körperlicher Aktivität steigt sie an und erreicht 150-180 Liter. Normalerweise verbraucht eine Person in Ruhe 200-300 ml Sauerstoff pro Minute. Beim Tennisspielen steigt der Sauerstoffverbrauch auf 2-3 l/min. Und das ist natürlich. Muskelarbeit ist ohne erhöhten Gasaustausch nicht denkbar, da Energie aus der Oxidation organischer Substanzen gewonnen wird. Auch bei geringer körperlicher Anstrengung werden Atemveränderungen deutlich zum Ausdruck gebracht. Bei leichter Arbeit erhöht sich der Gasaustausch um das 2-3-fache, bei schwerer Arbeit um das 20-30-fache. Ein nicht sportlicher Mensch macht 14 bis 18 Atemzüge pro Minute. Beim Tennisspielen kann diese Zahl 30-40 betragen. Bei erheblicher körperlicher Aktivität nimmt die Lungenventilation zu, was zu einer erhöhten Sauerstoffpenetration in das Blut führt.

Gleichzeitig wird aus jedem Liter Atemluft mehr Sauerstoff verbraucht (4-6%) als im Ruhezustand (3-4%). Mit zunehmender Belastung steigt auch die Geschwindigkeit des Blutflusses. In Ruhe für 1 Minute fließen also 4-5 Liter Blut durch das Herz. Aber beim Tennis kann er bis zu 35 Liter Blut pro Minute pumpen. Auch die Herzfrequenz (HF) hat einen großen Einfluss auf die Durchblutung. In Ruhe bewegt sich die Herzfrequenz zwischen 50 und 80 Schlägen / min, während die Belastung deutlich zunimmt. So haben Tennisspieler eine Herzfrequenz von 120-140 Schlägen/min beim Aufwärmen, 150-170 Schläge/min nach dem Aufschlag mit Netzausgang und kurzem Remis, und 172-190 Schläge / min nach der "Acht" -Übung auf der Rückenlinie. Diese Beispiele zeigen, dass die Belastung von Tennisspielern während Wettkämpfen und Trainingseinheiten ziemlich groß ist. Es wird von hohen Pulsindikatoren begleitet.

Die Einzigartigkeit von Tischtennis besteht auch darin, dass es das visuelle System einer Person verbessert. Dies gilt insbesondere für diejenigen, die viel Zeit am Computer verbringen, wie z. B. IT-Mitarbeiter. Durch die regelmäßige Arbeit am Computer sind sie ständig überfordert und müde. Beim Tischtennisspielen nach meiner Autorenmethode wird die Augenmuskulatur trainiert. Sehen wir uns den Prozess genauer an. Während des Spiels müssen die Augen der schnellen Bewegung des Balls folgen, reagieren und dennoch die Aktion des Gegners beobachten. Mit anderen Worten, die Augenmuskeln sollten auf mehrere verschiedene Punkte fokussiert werden. Und gemäß der Technologie meines Autors für ihr Training zeige ich während des Aufwärmens eine so einzigartige Figur der Ballberührung, bei der der Gegner den Ball treffen muss.

Tischtennis wirkt sich positiv auf das Geschäft aus, genauer gesagt auf Geschäftsleute und Unternehmer, die sich regelmäßig in Situationen befinden, in denen Entscheidungen fast blitzschnell getroffen werden müssen. Tennis ist ein sehr schneller Sport, und die Situation kann sich in Sekundenbruchteilen ändern. Daher müssen Sie in der Lage sein, fast ohne nachzudenken, die richtigen Entscheidungen zu treffen. Geschäftsleute, die ein Hobby wie Tischtennis haben, haben gewisse Vorteile.

Willenskraft zu entwickeln, um den lang ersehnten Sieg zu erringen, ist ein wesentliches Merkmal des Charakters aller großen „Big Businesses". Sie brauchen auch die Fähigkeit, niemals aufzugeben und sich auf dem Weg zu zukünftigen Höhen neue und neue Ziele zu setzen. Also im Tischtennis, auch wenn es kein Wettkampf oder Training ist, sondern nur ein Zeitvertreib mit Freunden oder der Familie, ist der Wille zu gewinnen eine der wichtigsten Eigenschaften eines Spielers.

Wir werden auch einige Vorteile erwähnen, die Geschäftsleute, die es gewohnt sind, mit der Technologie meines Autors Tischtennis zu spielen, erhalten. Erstens entwickelt sich im Laufe des Wartens auf den Sieg Willenskraft, einschließlich solcher Charaktereigenschaften wie Ausdauer und Ausdauer. Diese Qualitäten sind sowohl während der Trainingszeit als auch während des Erreichens des gewünschten Ergebnisses, nämlich des Sieges, wichtig und grundlegend. Tischtennis lehrt Sie, niemals aufzugeben und sich neue und neue Ziele auf dem Weg zur Eroberung der geschätzten Gipfel zu setzen.

Eine Besonderheit des Tischtennissports ist eine signifikante Verbesserung der Funktion der sensorischen Systeme mit zunehmender Fitness des Sportlers. Dies liegt an der Notwendigkeit, im Laufe des Ringkampfs eine große Menge an Informationen über den sich schnell ändernden Zustand des Sportlers und die Spielsituation zu erhalten und effektiv zu verarbeiten. Zunächst einmal verbessern Tennisspieler ihren visuellen Analysator, durch den etwa 80 % der Informationen empfangen werden. Sportler erhöhen die Geschwindigkeit der Informationsverarbeitung bei einfachen und komplexen motorischen Reaktionen, verbessern die Fähigkeit, die Tiefe des Sichtbaren einzuschätzen, und erweitern das Sichtfeld. Positive Veränderungen werden auch in der Funktionsweise anderer Analysatoren beobachtet. Besonders signifikante Veränderungen sind mit der Aktivität des Vestibularapparates verbunden. Schnelle Bewegung des Athleten im Raum, scharfe Wendungen und Schläge reizen fast ununterbrochen die Rezeptoren des sensorischen Systems. Wenn es nicht stabil genug ist, treten Probleme mit der Genauigkeit der motorischen Aktionen des Sportlers auf, und dies macht es erforderlich, die internen Ressourcen des Systems zu mobilisieren. Im Verlauf der sportlichen Verbesserung bilden Tennisspieler spezifische Empfindungen aus: ein "Ferngefühl", ein "Ballgefühl" usw. Solche Gefühle sind besonders akut bei Sportlern, die in guter Form sind und verblassen oder sich nicht bilden, wenn sie unzureichend sind Training oder Übertraining. Dieses Phänomen ist mit Müdigkeit verbunden, einer vorübergehenden Leistungsminderung, die durch intensive oder längere Aktivität verursacht wird. Es äußert sich vor allem in der Verschlechterung der Genauigkeit motorischer Aktionen, dem Wachstum technischer Defekte,

Die Effektivität der Beschaffung und Verarbeitung von Informationen durch einen Tennisspieler ist mit einer Reihe psychophysiologischer Indikatoren verbunden – wie der Geschwindigkeit des operativen Denkens, der Verteilung der Aufmerksamkeit. Im Allgemeinen bezieht sich Tischtennis (persönliches Mannschaftssportspiel) auf eine Gruppe von situativen (nicht standardmäßigen) Sportarten (das Spiel, die Aktionen der Athleten werden in Übereinstimmung mit den Aktionen des Gegners bestimmt). Die Aktionen des Athleten können jedoch stereotyp sein (Speed-Force-Schläge usw.). Dieser bestimmt die Wahrscheinlichkeit, Wiederholungen von Situationen, Spielmomenten und Techniken zu nutzen. Sie basiert jedoch darauf, auf veränderte Situationen und Bedingungen zu reagieren.

Extrapolation, also eine Art Vorausschau, Vorwegnahme kommender Ereignisse auf der Grundlage bereits im Gedächtnis vorhandener Haushalts- oder Sonderinformationen, ist der wichtigste Mechanismus für das Funktionieren des Nervensystems eines Tischtennisspielers.

Seine unzureichende Entwicklung schränkt die Wirksamkeit der Spielaktivität ein, insbesondere bei situativen motorischen Reaktionen. Die Programmierung angemessener Reaktionen, die Antizipation und Extrapolation erfordern, wird durch unzureichende Automatisierung von Bewegungen erschwert, insbesondere wenn sie sehr komplex sind, und kann sich unter dem Einfluss verwirrender Reize verschlechtern. Es sollte jedoch berücksichtigt werden, dass der Einfluss verwirrender Reize beim wiederholten Durchlaufen derselben Situationen deutlich schwächer wird. Die Extrapolation ermöglicht es einem Tennisspieler, sehr schwierige Situationen, die in einer sich schnell ändernden Umgebung des Wrestlings auftreten, effektiv zu lösen. Die Hochrechnungsfähigkeit hängt stark von seiner sportlichen Erfahrung ab. In der Regel werden erfahrenere Spieler eher die Natur des Gegners vorhersehen. s Aktionen und finden Sie die notwendigen Taktiken und Techniken, um ihnen entgegenzuwirken. Obwohl die Fähigkeit zur Extrapolation in einem hohen Prozentsatz der Fälle durch genetische Faktoren bestimmt ist, besteht kein Zweifel daran, dass die Extrapolation durch Training hervorgerufen wird. Je höher die Bandbreite an Taktiken und Techniken ist, denen sich ein Tennisspieler im Training stellen muss, desto eher gelingt es ihm, diesen effektiv entgegenzuwirken. Im Gegenteil, unter den Bedingungen eines standardisierten, fest programmierten Trainings entwickelt sich keine Extrapolation. Das Hauptmerkmal des Tischtennissports ist seine hohe Emotionalität. Auch bei normalen, hundertfach wiederholten Trainingseinheiten aktiviert der frühere oder spätere Einstieg ins Spiel den gesamten emotionalen Reaktionsapparat des Sportlers. Und während des Wettkampfs kommen emotionale Veränderungen bei Sportlern einer typischen Stressreaktion recht nahe. Emotionalität erhöht signifikant die Schwere der vegetativen Reaktionen des Athleten auf die motorische Belastung. Das Beispiel von Spielen bei Welt- und Europameisterschaften, an denen Dutzende von Ländern und Hunderte von Athleten teilnehmen, zeigt, wie der Wettkampf während des Wettkampfs ist. Die Intensität des Kampfes in den gespielten Spielen kann anhand der Punktzahl beurteilt werden, zum Beispiel: 10: 9, 10: 12 oder 12: 14; nach Spielsituationen und Punktgleichheit in kritischen Situationen und Spielenden: 7:7, 8:8, 9:9. Besonders angespannt sind die Enden von Spielen, wenn ein Tennisspieler ein oder zwei Punkte verliert und versucht zu gewinnen. Das erfordert Mut, Ausdauer und Selbstvertrauen. Der Punktestand in der Partei ist sicherlich einer der Indikatoren für die Intensität des Kampfes, aber nicht der einzige. Der Erfolg eines Tischtennisspielers Die sportliche Aktivität hängt von den Eigenschaften des Nervensystems und des Temperaments ab, die an der Bildung von Persönlichkeitseigenschaften beteiligt sind. Eine bestimmte

Kombination von Eigenschaften der Persönlichkeit und bestimmt ihre Individualität. Die bisher gesammelten Forschungsdaten erlauben es uns mit ausreichender Zuverlässigkeit, die Persönlichkeitsmerkmale und deren Beziehung zu identifizieren, die einen hochqualifizierten Sportler auszeichnen.

Zu den charakteristischen Eigenschaften eines Tischtennisspielers zählen erhöhte emotionale Stabilität, Charakterfestigkeit, Selbstvertrauen, Selbstständigkeit in der Einschätzung schwieriger Situationen, reduzierte Ängstlichkeit, Fähigkeit zur Selbstbeherrschung, Ausdauer beim Erreichen von Zielen, Initiative und Mut sowie der Wille für Führung.

Unter den Beziehungen der Persönlichkeitseigenschaften gelten als die wichtigsten:

- das Vorherrschen moralischer und sozialer Motivationen in der Motivationsstruktur gegenüber persönlichen Bestrebungen;
- das Vorherrschen willensstarker Qualitäten, die den Athleten mobilisieren, um Schwierigkeiten zu überwinden, über Angst und Selbstzweifel;
- Dominanz der mentalen Stabilität und Selbstbeherrschung gegenüber emotionaler Erregbarkeit.

Psychologen haben herausgefunden, dass die Motive des Sportlers eine besonders wichtige Rolle beim Erreichen hoher Ergebnisse spielen. Zu den Motiven, die den Erfolg der Aktivität beeinflussen, gehören:

- physiologisch,
- Psychisch
- Sozial.

Gleichzeitig zeigt sich, dass je höher die gesellschaftliche Bedeutung von Motiven ist, desto erfolgreicher kann das Ergebnis des Handelns sein.

Auch beim Tischtennis muss man schlau sein. Im Laufe des Spiels gilt es, gekonnt auszutricksen und mit Hilfe von Täuschungstechniken und Finten den Gegner geschickt zu verwirren. Dies muss gelehrt werden. Alle oben genannten Eigenschaften gilt es nicht nur am Spieltisch, sondern auch im Alltag zu trainieren.

Tischtennis hat keine Altersbeschränkung.

Das Beste am Tischtennis ist, dass es in jedem Alter gespielt werden kann. Ob Sie 6 Jahre oder 60 Jahre alt sind, spielt keine Rolle, denn es ist nie zu spät, Tennis spielen zu lernen.

So wurde in einem der westlichen Magazine über einen 108-jährigen Tennisspieler aus China Park Sunchen berichtet. Er begann vor 29 Jahren Tennis zu spielen, aber seitdem ist er jeden Tag mit einem Schläger in der Hand im Shamian Tennis Center in Peking zu sehen... Menschen mittleren Alters und älteren Menschen wird empfohlen, Tennis zu nutzen, um Gesundheit, Leistungsfähigkeit und Fröhlichkeit zu unterstützen. Aber Sie sollten nicht nach den höchsten Leistungen im Spiel streben. Wir sollten nicht vergessen, dass Tennis durch verschiedene, oft ungestüme Bewegungen, Rucke, Rhythmusstörungen gekennzeichnet ist. Und all dies kann für Menschen, deren Gewebe nicht bereits über jugendliche Elastizität verfügt, traumatisch sein. Daher ist es ratsam, ab dem 50. Lebensjahr auf Wettkämpfe zu verzichten und ab dem 60. Lebensjahr nur noch an Doppelspielen teilzunehmen. Tennis zeichnet sich auch dadurch aus, dass jeder mit der seiner Gesundheit und körperlichen Fitness angemessenen Intensität auf dem Platz spielen und sich bewegen kann. Schließlich hat körperliche Aktivität im Tennis einen Intervallcharakter. Seine Intensität wird durch zahlreiche Spielpausen reduziert. Diese Pausen treten am Ende der Auslosung jedes Balls auf (Aufnehmen der Bälle nach der Auslosung, Seitenwechsel beim Passen des Athleten, Übergänge beim Aufschlagen und Annehmen usw.). Sie sind wichtig, um den "verlorenen" Atem wiederherzustellen. Beim Spielen mit vier Spielern verlängern sich diese Pausen. Tennisspieler lernen aus eigener Erfahrung und ihrem Beispiel, dass sich Tennis positiv auf ihre Gesundheit auswirkt. Seine Intensität wird durch zahlreiche Spielpausen reduziert. Diese Pausen treten am Ende der Auslosung jedes Balls auf (Aufnehmen der Bälle nach der Auslosung, Seitenwechsel beim Passen des Athleten, Übergänge beim Aufschlagen und Annehmen usw.). Sie sind wichtig, um den "verlorenen" Atem wiederherzustellen. Beim Spielen mit vier Spielern verlängern sich diese Pausen. Tennisspieler lernen aus eigener Erfahrung und ihrem Beispiel, dass sich Tennis positiv auf ihre Gesundheit auswirkt. Seine Intensität wird durch zahlreiche Spielpausen reduziert. Diese Pausen treten am Ende der Auslosung jedes Balls auf (Aufnehmen der Bälle nach der Auslosung, Seitenwechsel beim Passen des Athleten, Übergänge beim Aufschlagen und Annehmen usw.). Sie sind wichtig, um den "verlorenen" Atem wiederherzustellen. Beim Spielen mit vier Spielern verlängern sich diese Pausen. Tennisspieler lernen aus eigener Erfahrung und ihrem Beispiel, dass sich Tennis positiv auf ihre Gesundheit auswirkt.

Jede Technologie hat ihre eigenen Gesetze. Eines der Gesetze der Tischtennistechnik ist die Notwendigkeit, bestimmte Techniken einzuhalten. Technologie ist der kürzeste Weg, um Ergebnisse zu erzielen. Natürlich gibt es aufgrund der physiologischen Eigenschaften einer Person Plus- oder Minusabweichungen, aber im Allgemeinen ist die Technik dieselbe. Einmal zum Automatismus auswendig gelernt, verhindert die falsche Technik die Entwicklung einer neuen, korrekten Technik. Der Ausschluss einer seiner Phasen von der Übung verstößt gegen die gesamte Verfahrenstechnik.

Ein vollständiges, klares und korrektes Verständnis der von einer Person zu erlernenden Techniken und Handlungen mit ihrer beispielhaften Darstellung ermöglicht es Ihnen, die Technik der Durchführung von Übungen schnell zu beherrschen. Eine allmähliche Steigerung der Belastung im Lernprozess wird durch die Einhaltung des Niveaus der körperlichen Verfassung und Zugänglichkeit für die Schüler erreicht. Die Voraussetzung zur Sicherung der Kraft wird durch wiederholte Wiederholung von Übungen in verschiedenen Kombinationen sowie durch systematische Überprüfung der erzielten Ergebnisse erreicht.

Die meiste Zeit im Tischtennistraining wird durch praktischen Unterricht eingenommen, dh das Üben bestimmter Bewegungen mit einem Schläger. Es ist zwingend erforderlich, die Techniken und Regeln des Spiels zu kennen.

Wir empfehlen folgende Technik und Abfolge der Trainingstechniken für das Tischtennisspielen:

- sich mit der Entwicklungsgeschichte vertraut machen;
- sich mit der Ausrüstung und dem Inventar vertraut machen;

eine Vorstellung von der Terminologie geben;

- sich mit den Grundregeln des Spiels vertraut machen;
- sich mit der Organisation und Durchführung von Wettkämpfen vertraut machen;
- zum Ausbilder und zur Gerichtspraxis zu bringen;
- Vermittlung der Spieltechnik.

Die Spieltechnik umfasst folgende Techniken:

- Griff,
- Kreuzung,
- Rollen (links rollen, rechts rollen)
- Liefern
- Top Spin (Top Spin rechts, Top Spin links)
- Stand
- Trimmen
- "Kerze"
- Ständer für Tennisspieler

STAND

Spielregale sollten in Racks (Positionen) zum Ausführen verschiedener Schläge und ein Rack zum Empfangen der Aufschläge des Gegners unterteilt werden.

Schauen wir uns die Rezeption und allgemeine Fragen zur Rezeption an.

Die Rezeption sollte zunächst sowohl physisch als auch in Bezug auf die Aufmerksamkeit so schnell wie möglich in jede Richtung starten - links, rechts, vorwärts, rückwärts. Der Stand ist die höchste Bereitschaftsposition. In allen Bereitschaftsfällen werden die Füße schulterbreit oder etwas breiter als die Schultern aufgestellt, die Knie leicht gebeugt und die Fersen vom Boden abgehoben.

Es steht in allen Lehrbüchern.

Aber was genau bedeutet das – „leicht gebeugte Knie“?

In der Praxis kann dieser Beugewinkel wie folgt definiert werden: Versuchen Sie, einige federnde Schwünge zu machen, und bleiben Sie dann in der unteren Position dieses Schwungs. Diese Position ist am besten geeignet: sowohl zum Empfangen von Aufschlägen als auch zum Ausführen einzelner Schläge. Was genau bedeutet "Absätze vom Boden"? Das bedeutet sowohl Stehen als auch Bewegen auf dem Vorderfuß (nicht auf den Zehen – das ist kein Ballett!). Wenn wir unsere professionellen Bewegungen mit dem Start eines Sprinters vergleichen, fällt uns sofort ein, dass Sprinter beim Start sogar künstlich die Fersen vom Boden abheben und sich durch die Startpolster mit den Vorderfüßen abstoßen.

Das Körpergewicht ist bei korrektem Stehen gleichmäßig auf beide Beine verteilt, und der Schwerpunkt des Körpers liegt auf einer geraden Linie, die durch die vorderen Teile des Fußes beider Beine verläuft. Andere Positionen des Körperschwerpunktes sorgen nicht für einen Blitzstart. Begrenzen Sie die Fähigkeit, eine starke Neigung des Körpers nach vorne zu bewegen, gestreckte, angespannte Beine.

Der Abstand zwischen Spieler und Empfangstisch entspricht etwa der Länge der ausgestreckten Hand mit dem Schläger. Wenn der Athlet sowohl von links als auch von rechts gleichermaßen erfolgreich aufschlägt, positioniert er sich in der Aufnahme gegenüber der Tischmitte, mit Blick zum Tisch, und beide Füße sind fast parallel und zeigen nach vorne. Spielt ein Athlet bei einem Aufschlag lieber rechts, nimmt er eine Position leicht links von der Tischmitte und im rechten Stand (zumindest mit den Füßen) ein.

Die richtige Haltung (bzw. Ausgangsposition für alle Arten von Rechtsschlägen) zeichnet sich dadurch aus, dass die Füße (insbesondere der rechte) nach rechts gedreht werden. Dadurch können Sie die rechte Schulter für den Schwung nach hinten ziehen. Bitte beachten Sie: Beim U-Turn werden die rechte Schulter und der rechte Teil des Oberkörpers nach hinten gezogen und nicht die linke nach vorne gebracht, obwohl Sie auf beide beschriebenen Arten in die linke Position gelangen können.

Die linke Haltung (oder Startposition für alle Arten von Rückhand) wird in den meisten Handbüchern als das Gegenteil der rechten Haltung beschrieben, mit dem rechten Bein und der rechten Schulter vor dem linken Bein und der linken Schulter. Die Erhöhung der Spielgeschwindigkeit und die Verbesserung des Schlägermaterials erfordern und ermöglichen es Ihnen, alle Rückhand in der Position mit dem Gesicht zum Tisch auszuführen. Denn gerade das verschafft Zeitgewinn und verschleiert die Flugrichtung des Balls, verleiht dem Spiel auf der linken Seite einen besonderen Reiz.

Verschiedene Racks sind mit individuellen und technischen Eigenschaften des Sportlers verbunden. Obwohl die Prinzipien des Tischständers oben angegeben sind, zeichnet sich daher jeder Sportler durch seinen eigenen, nur ihm innewohnenden Tischständer aus.

Viele führende Athleten beim Empfang des Futters bewegen ihre Füße kaum merklich, als ob sie den Schwerpunkt schwanken würden. Dieser Schritt stellt sicher, dass sofort gestartet wird und die Bewegung immer schneller als der Start beginnt (vergleichen Sie mit den gleichen Sprintern in der Staffel - die Geschwindigkeit derjenigen, die sofort auf der 2., 3. usw. Etappe starten, ist immer höher als diejenige, die startet mit dem ersten Schritt).

Der Stand ist frei, die Aufmerksamkeit ist angespannt.

Griff

Der richtige Griff (Halteweise) des Schlägers bestimmt maßgeblich die richtige Schlagausführung im Tischtennis und die Wahl der Griffart bestimmt maßgeblich die Wahl der Spielweise. Der Griff sollte Freiheit und Natürlichkeit der Bewegungen der gesamten Hand bei der Ausführung von Schlägen bieten. Im modernen Tischtennis gibt es zwei grundsätzlich unterschiedliche Griffarten – „europäisch“ und „asiatisch“.

Europäischer Griff

Schon der Name dieses Griffs weist auf seine außergewöhnliche Beliebtheit bei europäischen Athleten hin. In den 60er und 70er Jahren begannen die Leiter der Tischtennisverbände einiger asiatischer Länder angesichts der Notwendigkeit, sich auf Treffen mit führenden europäischen Athleten vorzubereiten, aktiv die europäische Art, den Schläger bei den Athleten ihrer Länder zu halten, durchzusetzen. Viele dieser Athleten haben hervorragende Ergebnisse bei Weltmeisterschaften, asiatischen und internationalen Turnieren erzielt, und jetzt hat diese Methode in asiatischen Ländern volle Staatsbürgerrechte erhalten und entwickelt sich parallel zum traditionellen Griff des "Stifts" für Asiaten. Der Begriff „Europäischer Griff“ ist mittlerweile historischer und geografischer geworden, er drückt nicht die Essenz dieser Methode aus, den Schläger zu halten. Dieser Begriff ist jedoch traditionell und weit verbreitet. Viel deutlicher drückt das Wesen der beschriebenen Methode des Haltens des Schlägers ein anderer Begriff aus - "horizontaler Griff". Ein Schläger mit horizontalem Griff wird in die Handfläche gelegt, wie die Hand eines Freundes beim Händedruck. Die Kante des Schlägers wird in die Aussparung zwischen Daumen und Zeigefinger geführt. Der

Daumen befindet sich auf der Kante des Gummipolsters auf der einen Seite der Schlägerebene, der Zeigefinger auf der Kante der anderen Seite des Schlägers. Mittel-, Ring- und kleiner Finger greifen und stützen den Schläger leicht am Griff, ohne ihn zu quetschen. Der Schläger befindet sich in einer horizontalen Position. Mit der richtigen Position in der Hand ist der Schläger eine Verlängerung davon, und es wird so einfach und natürlich sein, den Schläger im Spiel zu verwenden, als ob der Schlag mit der Hand selbst ausgeführt würde. Diese Position des Schlägers in der Hand (die Fortsetzung der Hand) ist besonders wichtig, da nur der Umfang der Schlägerebene mit Daumen und Zeigefinger keine universellen Fähigkeiten des horizontalen Griffs garantiert. Eine kleine Drehung des Schlägers in der Hand oder Beugen des Handgelenks in die eine oder andere Richtung bringt den Schläger aus der Ebene des Unterarms und macht die Bewegungen unnatürlich, komplex und in der Amplitude begrenzt. Solche Abweichungen sind meiner Meinung nach gravierende technische Fehler und schränken die weiteren Spielmöglichkeiten des Sportlers ein. Die Ballen der Endglieder von Daumen und Zeigefinger sind hochempfindlich. Das ist aus der Alltagserfahrung leicht zu erkennen – wenn Sie etwas für Dicke, Weichheit, Flauschigkeit etc. ertasten möchten, verwenden wir zunächst die Endglieder von Daumen und Zeigefinger. Ihre Aktivität im Griff und damit in der Schlagausführung bestimmt maßgeblich die Besonderheiten des Griffs, der Technik und des Stils. Die aktive Beteiligung des Ballens des Daumenendgliedes trägt zu einem subtileren Gefühl, einem subtileren „Ballgefühl" bei der Ausführung von Rückhandschlägen bei. Die aktive Teilnahme des Ballens des Zeigefingerendgliedes trägt zu einem subtileren Gefühl, einem subtileren „Ballgefühl" bei der Ausführung richtiger Schläge bei. Nur der Griff, bei dem die Flächen der Spielfläche des Schlägers die Ballen der Endglieder sowie Daumen und Zeigefinger berühren, ermöglicht es Ihnen, die technischen Techniken des Spiels sowohl links als auch rechts präzise auszuführen. Die einfachsten Experimente bestätigen den Wert subtiler taktiler Empfindungen bei der Ausführung von Schlägen.

Lieferungen:

1. Gerader Aufschlag, Aufschlag in einem leichten Winkel: Im ersten Fall dreht sich der Ball nicht, im zweiten Fall dreht er sich;

2. Pendel – die Hand beschreibt einen Halbkreis, geht zuerst nach unten – zur Seite, dann nach oben – zur Seite. Die Haltung des Spielers hängt davon ab, ob die offene oder die geschlossene Seite des Schlägers getroffen wird. In einem Fall ist es rechtsseitig, im anderen linksseitig;

3. Veer – Hand beschreibt einen Halbkreis, wobei die konvexe Seite nach oben gerichtet ist. Der Ball wird im ausgehenden Teil der Flugbahn, am höchsten Punkt oder am Ende der Bewegung getroffen. Dies bestimmt die obere, seitliche oder untere Rotation.

Ball schlagen:

1. Stand - der Schläger wird einfach durch den Ball ersetzt, und er, nachdem er hochgeflogen ist, als würde er davon abprallen.

Passive Abwehrtechnik. In diesem Fall erhält der Ball keine Rotation oder Geschwindigkeit. Aber es wird in der Regel mit halbem Flug ausgeführt, und allein das lässt dem Gegner noch ein wenig Zeit für weitere Angriffe. Es wird ohne eine ernsthafte Vorwärtsbewegung des Schlägers, ohne einen Schwung und eine signifikante Drehung der Hand (und folglich des Schlägers) ausgeführt. Die Energiereserve, die dem Ball durch die Schlagaktionen des Gegners gegeben wird, wird genutzt. Der Winkel des Schlägers nach vorne wird experimentell für jede Rotationsart separat ausgewählt – separat für Rolls, separat für Top Spins, separat für Undercuts. Sogar für verschiedene Arten von Rolls, Top Spins und Undercuts müssen Sie Ihren auswählen eigenen Winkel des Schlägers beim Ausführen von Rechts- und Linksschlägen mit dem Ständer.

2. Ein Roll ist ein Schlag, bei dem der Schläger vom Spieler nach vorne gekippt wird und ihn während des Fluges rotieren lässt, als würde er den Ball von oben streichen. Der Rückprall von einem solchen Schlag ist hoch und scharf.

Kurzer Wurf – Der Kontakt des Balls mit dem Schläger erfolgt über dem Tisch, manchmal sehr nah am Netz. Die Bewegung der Hand sollte sehr schnell sein. Der Schlag wird normalerweise beim Start ausgeführt, diese Rolle wird oft als schnell bezeichnet.

Eine lange Rolle ist eine Art Vorhand, bei der sich Ball und Schläger relativ weit von der hinteren Tischkante berühren.

3. „Kerze“ ist ein Schlag auf einen Ball, der weit über das Netz springt. Der Ball wird am höchsten Absprungpunkt getroffen. Praktisch wird dieser Ball nicht reflektiert.

4. Ein Slice ist ein Schuss, bei dem der Ball an einer niedrigeren Rotation befestigt ist. Seine Flugbahn ist hier niedrig.

Diese scheinbar bescheidene Technik wirkt sich stark auf den Spielverlauf aus. Es ermöglicht Ihnen, die Angriffsfähigkeiten des Gegners zu reduzieren und den Angriff des Gegners sogar vollständig zu "deaktivieren".

Sowohl Newcomer als auch Weltmeister nutzen diesen Schlag. Und die Qualität des Schneidens (Pruning, „Pitch“) entscheidet oft darüber, ob der Gegner am Tisch frei agieren kann. Am besten schlägt man den Ball so früh wie möglich, am besten mit einem halben Volley, oder noch früher sozusagen den Ball „kratzen“, sobald er die Tischoberfläche berührt. Es ist notwendig, den Ball so lange wie möglich zu schicken, es ist wünschenswert, dass der Ball nach dem Abprallen auf der gegnerischen Seite zum Tisch fliegt und so den Gegner vom Tisch wegtreibt. Schläge werden wie beim herkömmlichen Unterschneiden durch aktives Schwingen und Strecken des Arms am Ellbogengelenk mit dem Unterarm ausgeführt, der Schlag erfolgt jedoch auf den unteren Teil des Balls, der Schläger geht vollständig unter dem Ball hindurch.

5. Top Spin – bedeutet den oberen „höheren“ Spin. Der Ball, der eine superstarke obere Rotation erhalten hat, hat eine gekrümmtere Flugbahn, fliegt langsamer, aber wenn er mit dem Tisch interagiert und der Schläger einen schnellen und unerwarteten Sprung hat, ist er einfacher zu kontrollieren und zuverlässiger zu erreichen den gewünschten Tabellenpunkt.

6. Unterschnitt – wird verwendet, um starke Schläge des Gegners zu reflektieren: Rollen, Topspins, Finishing-Schläge und Schläge aus mittlerer und großer Entfernung vom Tisch.

RICHTIG TRIMMEN

Vor dem Aufprall wird der Athlet in die richtige Position gebracht, die rechte Fußspitze schaut nach rechts, der linke Fuß leicht nach rechts gedreht. Auch die Schultern werden eingesetzt: Die rechte Schulter wird für den Schwung nach rechts hinten und nach oben reserviert; Die rechte Schulter ist vor dem Schlag etwas höher als die linke. Im Moment des Aufpralls beträgt der Winkel zwischen Schulter und Oberkörper 35 Grad, der Winkel der Armbeuge am Ellbogengelenk ist scharf.

Der Schwung wird hauptsächlich mit dem Unterarm nach oben ausgeführt, da die Armbeuge am Ellbogen die Nase des Schlägers nach oben hebt. Im Allgemeinen dient der Unterarm bei diesem Schlag als Stoßmechanismus, die beschleunigte Bewegung des Unterarms, die aufgrund der energischen Streckung des Arms am Ellbogen ausgeführt wird, ähnelt einem Hammerschlag auf den Nagelkopf.

Der Ellbogen ist abgesenkt, aber nicht gegen den Körper gedrückt.

Während des Schlags dreht (dreht sich nicht!) der Besen den Schläger aus einer Position, in der der Schläger abgelenkt wird, zurück in eine fast horizontale Position, wobei ein Schlag auf die untere Hälfte des Rückens und auf die Unterseite des Balls ausgeführt wird.

Die Schulter bewegt sich aus der hinteren Position nach vorne und ermöglicht dem Schläger, sich vorwärts zu bewegen.

Der Oberkörper verlagert den Schwerpunkt des Körpers vom rechten Bein auf das linke, wodurch der Schläger zusätzlich nach vorne bewegt und die Beschleunigung erhöht wird. Die rechte Schulter am Ende des Schlags befindet sich vor und unter der linken.

Damit der rechte Schnitt für den Gegner unangenehm wird, schnell, scharf und zum passiven Spiel zwingt, müssen zwei Bedingungen erfüllt sein: die erste - den Schlag streng vor dem Oberkörper des Athleten auszuführen, die zweite - zu kombinieren die Beschleunigung des Unterarms und die Verlagerung des Körperschwerpunkts.

Die Reihenfolge des Eintritts der einzelnen Teile von Arm und Rumpf in den Schlag ist dieselbe: die Hand, dann der Unterarm, die Schulter und der Rumpf.

Beträgt der Winkel zwischen der rechten Schulter und dem Torso weniger als 30 Grad, wenn Ball und Schläger in Kontakt kommen, dann ist der Athlet zu nah am Ball und es besteht die Notwendigkeit, sich nach links zu „bewegen". Wenn bis zum Kontakt von Ball und Schläger der Winkel zwischen rechter Schulter und Oberkörper mehr als 60 Grad beträgt oder der Winkel der Armbeuge im Ellbogengelenk stumpf ist, bedeutet dies, dass der Athlet zu weit davon entfernt ist den Ball und es besteht die Notwendigkeit, sich nach rechts zu bewegen, um näher an den Ball heranzukommen.

ZUSCHNEIDEN AUF DER LINKEN SEITE

Vor dem Kick nimmt der Athlet eine Position mit dem Gesicht zum Tisch ein. Der Fuß des linken Fußes ist leicht mit der Zehe nach links gedreht. Die rechte Schulter ist etwas höher als die linke.

Die rechte Schulter befindet sich in einer entspannten, abgesenkten Position und berührt fast den Rumpf. Die Spannungslosigkeit der Schulter lässt sich leicht überprüfen: Wenn der Unterarm mit dem Ellbogen nach vorne vom Körper zurückgesetzt ist, bedeutet dies, dass er angespannt ist.

Im Moment des Aufpralls ist der Winkel der Biegung im Ellbogengelenk spitz. Der obligatorische Schwung wird hauptsächlich mit dem Unterarm nach oben ausgeführt, indem der Arm am Ellbogen gebeugt wird, wird die Nase des Schlägers angehoben, wenn der Schwung nach oben geht.

Wenn der Ball getroffen wird, wird der Arm am Ellbogengelenk intensiv gebeugt und die Hand bewegt sich weiter in Schlagrichtung, um dem Ball maximale Geschwindigkeit und Rotation zu verleihen.

Der Unterarm spielt bei diesem Schlag auch die Rolle eines Schlagwerks, die beschleunigte Bewegung des Unterarms verleiht dem Ball Geschwindigkeit und offensiven Charakter.

Die Bürste dreht beim Kontakt von Ball und Schläger (dreht sich nicht um!) den Schläger aus der Position, wenn er ausgelenkt wird, zurück in eine nahezu horizontale Position, wobei er einen Schlag auf die untere Hälfte des Rückens und auf die Unterseite des Schlägers ausführt Ball.

Die Schulter bewegt sich aus der hinteren Position nach vorne und ermöglicht dem Schläger, sich vorwärts zu bewegen.

Der Oberkörper verlagert den Schwerpunkt des Körpers von der Rückseite des stehenden (normalerweise linken) Beins nach vorne (normalerweise rechts) - achten Sie besonders darauf und sorgen Sie so für eine zusätzliche Bewegung des Schlägers nach vorne, wodurch die Beschleunigung erhöht wird.

Die rechte Schulter am Ende des Schlags befindet sich vor und unter der linken.

Ein Rückhandschlag ist für den Gegner unangenehm, schnell, scharf, wenn folgende Bedingungen erfüllt sind: Erstens wird der Kick direkt vor dem Spieler ausgeführt (wie die Kinder erklären mussten, direkt vor dem Emblem auf der Brust), und dies erfordert ernsthafte Beinarbeit. sich bei jedem Schlag direkt hinter dem Ball zu positionieren, auch beim Ablenken von Schrägschlägen nach links; zweitens, um die Beschleunigung des Unterarms (kräftiges Strecken des Arms am Ellbogen) und die Verlagerung des Körpergewichts zu kombinieren.

Die Reihenfolge des Eintritts einzelner Teile des Armes und des Rumpfes in den Schlag ist dieselbe: Hand, Unterarm, Schulter, Rumpf. Befindet sich der Ball zum Zeitpunkt des Kontakts von Ball und Schläger links vom Athleten und – streckt der Athlet seinen Arm, um den Schlag abzuwehren, bedeutet dies, dass der Athlet sich nach links bewegen muss.

Wenn der Athlet zum Zeitpunkt des Kontakts von Ball und Schläger gezwungen ist, den Ellbogen rechts vom Oberkörper zu bewegen, um den Schlag abzuwehren, bedeutet dies, dass sich der Athlet nach rechts bewegen muss.

NEUN GRUNDSÄTZE FÜR DIE DURCHFÜHRUNG EINES STRIKES

Es ist üblich, die Schläge führender Spieler anhand von Fotos, Filmen und Videos zu studieren. Aber all diese "Gramme" geben nur eine Vorstellung von der äußeren Zeichnung des Aufpralls, und viele äußerst wichtige Spielnuancen auf solchen Fotos, Filmen und Videogrammen können nicht gezeigt werden. Im Folgenden sind die Prinzipien der Ausführung von Schlägen aufgeführt, die im Bild nicht oder schlecht sichtbar sind, die jedoch die Effektivität von Schlägen im Tischtennis maßgeblich bestimmen.

Diese Prinzipien gelten für jede Art von Angriffs- oder Verteidigungsschlag. Ein Schuss, der diesen Prinzipien entspricht, ist in Bezug auf die Genauigkeit am zuverlässigsten und für den Gegner in einer Reihe von Eigenschaften am gefährlichsten - Fluggeschwindigkeit des Balls, Stärke und Rotationsgeschwindigkeit.

- Nehmen Sie zuerst eine Schlagposition ein und führen Sie erst dann den Schlag aus.
- Jeder Schlag wird vor dem Oberkörper ausgeführt.
- Jeder Kick muss am höchsten Punkt des Rückpralls des Balls ausgeführt werden.
- Die Bewegung des Schlägers sollte so weit wie möglich nach vorne gerichtet sein.
- Jede Kugel muss bewusst die Rotation ausführen.
- Beim Kontakt des Schlägers mit dem Ball kommt es nicht auf die absolute Geschwindigkeit der Hand und des Schlägers an, sondern auf die Beschleunigung.
- Das Körpergewicht muss beim Aufprall vom hinteren auf das vordere Bein übertragen werden.
- Die Übertragung der Körperschwere und die Beschleunigung der Schlagbewegung müssen zeitlich zusammenfallen.
- Jeder Schlag muss einen Rückschwung haben.

Es ist natürlich falsch anzunehmen, dass die Umsetzung von drei oder vier dieser Prinzipien eine recht ordentliche Wirkungsqualität garantiert. Alle diese Prinzipien sind stark miteinander verbunden. Nur die exakte Einhaltung all dieser grundlegenden Punkte garantiert ein echtes Eigentum und Management der Technologie. Nur die äußere Zeichnung eines Schlags eines Athleten kann sich von der äußeren Zeichnung desselben Schlags eines anderen unterscheiden – jeder hat seine eigenen morphologischen und Geschwindigkeitsmerkmale.

Das Wissen, Verstehen und Aneignen der Grundprinzipien der Schlagausführung sichert die Ausbildung einer individuellen, stabilen Spieltechnik. Was den technischen Aspekt des Spiels betrifft, so „gibt" der Gegner einfach nicht die Möglichkeit, unter idealen Bedingungen und unter Einhaltung aller Hauptprinzipien einen Schlag auszuführen und sich selbst die maximale Gelegenheit dazu zu geben.

PRINZIP EINS

NEHMEN SIE ZUERST EINE POSITION EIN, UM DEN STRIKE AUSZUFÜHREN, UND FÜHREN SIE ERST DEN STRIKE AUS.

Das Wesen beginnt immer mit den Füßen, nicht mit den Händen. Ist eigentlich kein sehr verbreiteter, normaler Mensch im Alltag und erfordert in der Erziehung besonderes Geschick. Natürlich erfordert die exakte Einhaltung des ersten Prinzips eine sehr hohe Qualität der Beinarbeit und technisch überlegen Geschwindigkeit - sehr schnell. Die Qualität des Schlags wird drastisch reduziert, wenn er aus der Bewegung ausgeführt wird. Schläge während der Bewegung ausführen, mit der Hand oder dem Oberkörper nach schrägen Bällen greifen – das alles sind Verstöße gegen dieses erste Prinzip.

DAS ZWEITE PRINZIP

JEDER TREFFER SOLLTE VOR DEM TORSO DES SPIELERS AUSGEFÜHRT WERDEN.

Es ist von vorne, nicht von der Seite, nicht von hinten. Die Einhaltung dieses Prinzips gewährleistet die Aktivität aller Schläge, erleichtert den maximalen Fortschritt des Schlägers nach vorne und ermöglicht es Ihnen, den Ball auf dem kürzesten Weg nach vorne zu schicken.

PRINZIP DREI

JEDER TRITT MUSS AM HÖCHSTEN PUNKT DES RÜCKKEHRS DES BALLS AUSGEFÜHRT WERDEN.

Dies sollte in jedem Fall angestrebt werden, denn:

• die Entfernung von diesem Punkt ist immer die kürzeste nach der Länge des Weges und damit nach der Dauer des Fluges des Balles, die die Verkürzung der Zeit bestimmt, die dem Gegner verbleibt, um sich auf die Reaktion vorzubereiten;

• Am höchsten Punkt des Rückpralls dreht sich der Ball viel weniger als in anderen Stadien seines Flugs, und die Rotation hat weniger Einfluss auf den Aufprall;

* Das Schlagen des Balls am höchsten Punkt seines Rückpralls gewährleistet eine maximale Vorwärtsbewegung des Schlägers.

PRINZIP VIER

DIE BEWEGUNG DES SCHLÄGERS SOLLTE SO VIEL WIE MÖGLICH NACH VORNE GERICHTET WERDEN.

Indem Sie den Kontakt des Balls mit dem Schläger (insbesondere bei der Annahme von Aufschlägen) verlängern oder verlängern, können Sie dem Ball „Ihre“ Rotation zuverlässiger aufzwingen. Wir sprechen nicht über die zeitliche Dehnung des Schlags, sondern nur über die Verlängerung des Interaktionswegs zwischen Ball und Schläger, jedoch in einer kurzen Zeiteinheit.

PRINZIP FÜNF

JEDER BALL MUSS BEWUSST DREHEN WERDEN.

Die Einhaltung dieses Prinzips sorgt beim Flug des Balls für eine zuverlässige gekrümmte Flugbahn und wird nicht ins Netz fallen, da der Ball einen Freiraum über dem Gitter hat und der Tisch eher herunterfällt als im geraden Flug des Balls. Selbst wenn Sie mit Bewegungen zu spät kommen, selbst wenn Sie nicht alle anderen Prinzipien der Ausführung eines Schlags vollständig einhalten können, macht es das Geben der Ballrotation für den Gegner schwierig, scharfe Schläge auszuführen.

PRINZIP SECHS

BEIM KONTAKT DES SCHLÄGERS MIT DEM BALL IST WICHTIG, NICHT DIE ABSOLUTE BEWEGUNGSGESCHWINDIGKEIT DES ARMES UND DES SCHLÄGERS UND DIE BESCHLEUNIGUNG.

Die Anfangsgeschwindigkeit der Annäherung des Schlägers an den Ball erhöht sich während eines kompetenten Schlags um ein Vielfaches. Bereits in den 70er Jahren zeigten Untersuchungen des Minsker Wissenschaftlers AL Weinstein, wie die Geschwindigkeit hochqualifizierter Spieler während eines Streiks zunimmt. Beim berühmten Rechtsschlag des Schweden C. Johansson, der in den siebziger Jahren donnerte, erhöhte sich die Geschwindigkeit des Schlägers während des Schlags um das 128 (!) Mal, während er den nicht minder berühmten Angriffs-Linksschlag von S. Gomozkov ausführte - um 26 mal.

Die Beschleunigung (eine Erhöhung der Endgeschwindigkeit des Aufpralls relativ zur Anfangsgeschwindigkeit) kann nicht nur durch eine Erhöhung der Endgeschwindigkeit einen hohen Wert erreichen - da die Möglichkeiten zur Erhöhung der Endgeschwindigkeit nicht unbegrenzt sind, sondern auch durch eine angemessene Verringerung der anfängliche. Die relativ geringe Anfangsgeschwindigkeit der Schlagbewegung erlaubt es übrigens, in aller Ruhe die Spielsituation und die Position des Gegners einzuschätzen und gegebenenfalls im letzten Moment Richtung, Geschwindigkeit und Art aktiv zu steuern Drehung. In allen Fällen sollte die Bewegungsgeschwindigkeit von Hand und Schläger so sein, dass sie deutlich erhöht werden kann.

PRINZIP ACHT

DIE ÜBERTRAGUNG DER KÖRPERSCHWERE UND DIE BESCHLEUNIGUNG DER SCHOCKBEWEGUNG MÜSSEN ZEITLICH ZUSAMMENFALLEN.

Es ist diese vorübergehende Kombination, die es Ihnen ermöglicht, schnelle und gleichzeitig stark verdrehte Schläge auszuführen. Äußerlich haben solche Schläge im Spiel ein klickartiges Geräusch und wirken optisch leicht und entspannt. Wenn Körpergewichtsverlagerung und Beschleunigung "auseinanderlaufen", wirken die Schläge schwer und plump.

PRINZIP NEUN

JEDER SCHLAG MUSS EINEN SCHWUNG HABEN.

Die Einhaltung dieses Prinzips ermöglicht es Ihnen, bei jedem Aufprall eine Anfangsgeschwindigkeit zu haben, die weiter erhöht werden kann. Und es ist nicht gut, ohne Schwung zu schlagen (manchmal versuchen sie auf diese Weise, ihre Aktionen zu "maskieren"). Das Spiel ohne Rückschwung führt dazu, dass die Geschwindigkeit des Schlägers zu Beginn des Aufpralls nahe Null ist und nur schwer gesteigert werden kann und die Schläge hauptsächlich auf Kosten der Energie des ankommenden Balls ausgeführt werden. Schaukeln können in Form (Aussehen), Größe und Geschwindigkeit sehr unterschiedlich sein. Es ist wichtig, dass beim Ball- und Schlägerkontakt die richtigen Winkel und Geschwindigkeiten gegeben sind.

Wie bei jedem Spiel zielen die Tischtennisregeln darauf ab, den Ablauf interessant zu gestalten, Streitpunkte zu minimieren und den Wettkampf verständlich und korrekt zu gestalten.

Zusammenfassend möchte ich anmerken, dass man derzeit Tischtennis spielen kann und gerne. Ihre Berufserfahrung zeigt, dass sie gerne Tischtennis spielen. Die Effektivität dieser Klassen wird erheblich höher sein, wenn die Person eine rationale Technik und Taktik des Spiels beherrscht. Ein flexibler Umgang mit einer Person, der aktive Einsatz von visuellen Hilfsmitteln und die Darstellung führen ebenfalls zu einem positiven Effekt im Training. Der Unterricht sollte nach Möglichkeit etwas Neues enthalten.

Um die Reaktionsgeschwindigkeit und die Fähigkeit, den Flug des Balls zu beobachten, zu entwickeln und zu verbessern, können die folgenden Übungen verwendet werden:

1. Der Trainer (oder Partner) ändert ständig das Tempo der Schlagausführung und die Fluggeschwindigkeit des Balls. Der Schülersportler ist aufgrund des Tempos beispielsweise dafür verantwortlich, dass alle Bälle sie nur genau am höchsten Punkt des Aufpralls des Balls (oder nur Pauleta oder nur auf den fallenden Ball usw.) abprallen. Die Übung kann kompliziert sein: Zum Beispiel bei der gegebenen Aufgabe - bei einer bestimmten Geschwindigkeit wird der Ball veranlasst, im Tempo zu reagieren (sagen wir, alle schnellen Schläge antworten auf den höchsten Punkt des Aufpralls des Balls und alle langsamen Schläge -fliegende Bälle und Schläge mit Pauleta usw.).

2. Der Coach (oder Partner) ändert ständig die Art der Drehung, die Länge des Ballflugs, "geclippte" Bälle wechseln sich mit Rollen, Stands und flachen Schlägen ab. Auf all diese Schläge muss der Trainierende mit präzisen Ballschlägen in gleichmäßigem Tempo reagieren. Die Übung kann kompliziert und variiert werden, indem angeboten wird, auf eine bestimmte Art von Rotation mit einer bestimmten Art von Vergeltungsschlag zu reagieren. So ist beispielsweise vorgeschrieben, dass ein Athlet auf alle geclippten Bälle mit einem Topspin reagieren muss, auf alle Schläge mit einem Upperspin kontern und so weiter. Das Training der Reaktionsgeschwindigkeit auf Veränderungen im Rotationscharakter ist wesentlich ergiebiger und interessanter, wenn die Konditionierung von Reaktionshandlungen nicht abstrakt, sondern taktisch orientiert ist.

3. Der Trainer (oder Partner) schickt Bälle mit unterschiedlicher Flugrichtung und schafft dabei die schwierigsten Bedingungen für den Trainierenden, um darauf zu reagieren - die Flugrichtung des Balls ändert sich willkürlich mit jedem Schlag. In diesem Fall schafft der Trainer (Partner) einfachere Bedingungen zum Schlagen - die Bälle werden ihm auf seiner stärksten Seite geschickt. Der Trainer (Partner) in dieser Übung sollte maximalen Einfallsreichtum und, ich würde sagen, Witz bei der Wahl der Richtung seiner Schläge zeigen. Nur nicht standardmäßige, "nicht gestempelte"

Bewegungen (die schwer vorherzusagen sind) tragen wirklich dazu bei, die Beobachtung und Reaktionsgeschwindigkeit auf Änderungen in der Flugrichtung des Balls zu verbessern. Gleichzeitig sollte daran erinnert werden, dass die größte Schwierigkeit oft nicht so sehr darin besteht, Bälle in verschiedene Richtungen zu wechseln, wie unerwartet wiederholt an der gleichen Stelle einschlägt. Die am schwierigsten durchzuführenden kompetenten Antworten sind Bälle, die unerwartet direkt auf den Spieler gerichtet sind.

Übungen zum Ändern der Flugrichtung des Balls können (und sollten) abwechslungsreich und kompliziert sein und dem Auszubildenden im Voraus zusätzliche Schwierigkeiten bereiten: Sie können beispielsweise das Netz absenken, was die Aktionen des Trainers erschwert (Partner), heben Sie den Ball gezielt auf eine größere Höhe, damit der Trainer (oder Partner) Schläge mit größerer Kraft ausführen kann.

Beim Training der Reaktion auf eine Änderung der Flugrichtung des Balls werden die Anforderungen an die Beobachtung des Balls im Moment seines Kontakts mit dem gegnerischen Schläger erhöht. Immerhin, wenn die Geschwindigkeit und Drehung des Balls nicht nur durch den visuellen Analysator gemessen werden kann, sondern mit, sagen wir, dem Gehör, um die Flugrichtung seines Balls (den Ball) zu bestimmen, müssen Sie SEHEN, um zu sehen so früh wie möglich, nur so wird die richtige Wahlantwort bestimmt.

Die Wirksamkeit all dieser Übungen nimmt dramatisch zu, wenn sie sich dem Spiel- und Wettbewerbsumfeld nähern. Ein äußerst effektives Punktespiel, bei dem ein Athlet in eine beliebige Richtung angreift und der andere alle Bälle auf eine vorgegebene Tischhälfte lenkt, während das gesamte Spiel einschließlich des Aufschlags durch Konter gesteuert wird. Die Praxis zeigt, dass bei einer solchen Spielübung ein Handicap von sieben oder acht Punkten ausreicht, um die Spielbedingungen zweier annähernd gleicher Spieler anzugleichen.

Alle Arten von Reaktionen zu kombinieren (Änderung der Ballgeschwindigkeit, Änderung der Rotation, Änderung der Flugrichtung des Balls) ist ziemlich schwierig, daher sollten Sie nach und nach separate Reaktionstypen trainieren und dann in den Trainingsprozess der Übungen einsteigen , das Training zweier Reaktionstypen in verschiedenen Kombinationen kombinieren und erst danach zum integrierten Training der Reaktionsfähigkeit übergehen.

Die Erweiterung und Verbesserung der Methoden zum Training der Reaktionsgeschwindigkeit und der Fähigkeit, den Ball und die vorbereitenden Aktionen des Gegners zu beobachten, ist eine der wichtigsten Möglichkeiten, das Tischtennis zu verbessern, ein Spiel, bei dem die Zeit der Reflexion von Schlägen immer entscheidender wird Faktor.

Die Einzigartigkeit der Tischtennis-Technologie meines Autors besteht erstens darin, dass sie die Beweglichkeit der großen und kleinen Muskeln verbessert, das Schultergelenk, den Bizeps, den Trizeps und die Handmuskulatur stärkt, dh eine umfassende Gesundheitswirkung hat. Zweitens kann diese einzigartige Technologie des Autors verwendet werden, um verschiedene Gruppen von Athleten zu trainieren, da sie sich auf die Erhöhung der Reaktionsgeschwindigkeit auswirkt. Boxer und Kickboxer, die professionell auftreten und regelmäßig ihre Reaktion trainieren, können trainiert werden. Anzumerken ist, dass im Moment die schnellste Sportart Tischtennis ist, da hier die höchsten Geschwindigkeiten im Spiel erreicht werden. Dies weist nicht nur auf die Einzigartigkeit, sondern auch auf die weite Verbreitung des Tischtennissports hin, da sich diese Technik auch für den Trainingsprozess in anderen Sportarten als Werkzeug zur Steigerung der Reaktionsgeschwindigkeit eignet.

Wenn ein Spieler ständig das Gesamtbild des Spiels im Auge behält und Punkte in der Punktzahl zählt – er trainiert auch, er sortiert mögliche Taktiken, während er immer noch ständig den Ball beobachtet und ihn nicht einen Bruchteil aus den Augen verliert von einer Sekunde, und das Spiel geht mit einer unglaublichen Geschwindigkeit voran. Maximale Aufmerksamkeitskonzentration ist ein notwendiger Bestandteil des Erfolgs im Tischtennis. Daher wird Kindern empfohlen, regelmäßig Tischtennis zu spielen, um ihre Aufmerksamkeit zu steigern.

Ich habe auch eine bahnbrechende Technologie, das kommt von meinem jüngsten Know-how, wir trainieren, wir haben zwei Methoden kombiniert – es gibt Nägel, das steht auf Nägeln und gleichzeitig trainiert der Mensch immer noch seine Augen, er prägt mit meinen Technologie, gebe ich zu, prägt einen Ball mit einem Schläger. Was passiert also? Er trainiert die Füße, an den Füßen haben wir den dicksten Teil der Haut, ich leite auch solche Meisterkurse, wir haben 90.000 Endungen, das beschleunigt den Stoffwechsel, Sie beginnen mit Ihrer Psychologie zu arbeiten, entfernen einige körperliche Einschränkungen, Blockaden, verändere, konzentriere dich von den Füßen Schmerzen von den Nägeln des Fußes konzentriere dich auf die Kontrolle des Balls, damit verlagerst du deine Aufmerksamkeit von den Füßen auf den Ball und trainierst nur eine Mentalität, eine andere Mentalität. Mit anderen Worten, Sie verwalten Ihr Vermögen.

Das Stehen auf Nägeln ist eine multifunktionale Übung, die Ihnen helfen kann, Ihre Gesundheit zu verbessern, Ihren Geist zu klären, Ihren Willen zu stärken und viele andere Dinge, die Sie mit diesem Board tun können. Je nach Aufgabenstellung können Sie mehrmals täglich und jeden Morgen auf dem Board stehen und die Verweildauer schrittweise steigern.

Das Board ist eine gute Gelegenheit, Ihren Willen und Ihre Selbstbeherrschung zu stärken sowie einfach und schnell zu lernen, wie Sie Ihre Absichten und Träume ins Leben umsetzen können. Die Funktionsweise ist sehr einfach, Sie müssen eine Minute lang mit bloßen Füßen auf dem Brett stehen.

In Russland sind verschiedene stachelige Applikatoren wie der Kuznetsov-Applikator, Lyapko usw. das Äquivalent zu indischen Brettern mit Nägeln. Diese Applikatoren sind seit langem von der modernen Medizin zugelassen und werden in verschiedenen Rehabilitationszentren häufig eingesetzt. Sie werden hauptsächlich verwendet, um die Leistungsfähigkeit von Menschen unter verschiedenen Bedingungen wiederherzustellen, den Tonus des Körpers zu erhöhen, die Durchblutung zu verbessern und haben sich sehr gut bewährt, um Stress abzubauen und den Schlaf wiederherzustellen. Außerdem steigern sie die Leistungsfähigkeit und verbessern die Denkgeschwindigkeit. Natürlich wirken sie sich positiv auf die Gesundheit aus, aber sie können das Brett mit Nägeln nicht ersetzen.

Um die Gesundheit wiederherzustellen, ist ein Brett mit Nägeln fast ein ideales Gerät. Gesundheit - Stehen auf einem Brett mit Nägeln.

Wie die Praxis der Kommunikation mit Menschen, die jeden Tag stehen oder versuchen, jeden Tag zu stehen, zeigt, sind die Vorteile dieser Aktivität wirklich groß. Die Vorteile des Stehens auf einem Brett mit Nägeln werden auf die innere Welt einer Person übertragen, die Willenskraft steigt, die Lust auf Ausdauer und die Lebenskräfte werden aktiviert.

Ich denke, es ist kein Geheimnis, dass das Stehen auf einem Brett mit Nägeln eine heilende Wirkung auf unseren Körper hat. Was braucht es? Nur ein wenig, jeden Tag eine Minute stehen, für Körper und Geist ist Fröhlichkeit gesorgt.

Der Körper nimmt den Aufprall von Nägeln wahr, als ob ein Riss am Fuß wäre, und die gesamte innere Biochemie und alle Substanzen, die Infektionen bekämpfen und Wunden heilen sollen, wirft er in Richtung des Fußes. Es gibt biologisch aktive Zonen am Fuß, aber es gibt keine Lücke, nur kleine Dellen von Nägeln und all diese Biochemie geht in den Körper, wo es stagnierende Phänomene gibt, Herde chronischer Krankheiten. All dies führt dazu, dass diese internen Substanzen Staus abbauen, den

Herzmuskel trainieren, das Nervensystem stärken. Auf einmal können solche Krankheiten wie Krampfadern, Hämorrhoiden passieren, die Beckenorgane und Nieren erholen sich. Denn die Projektionsfläche der Nieren befindet sich am Fuß der Zehen. Außerdem verbessert sich das Sehvermögen, da die Nebennieren und die Bauchspeicheldrüse zu arbeiten beginnen. Chronische Überanstrengung der Durchgangsmuskulatur verschwindet und die Person beginnt besser zu sehen. Wenn im Kopf verschiedene Arten von Unzufriedenheit mit ihrem unglücklichen Schicksal, Selbstprüfung, Unglauben an ihre eigene Stärke sind, dann sind die Nägel alle gut entfernt und geben ein starkes Vertrauen in ihre eigene Stärke und die Zukunft.

Aus medizinischer Sicht ist das Stehen auf einem Brett mit Nägeln äußerst wohltuend für den gesamten Körper.

Die Haut unserer Füße hat eine Vielzahl von Reflexzonen.

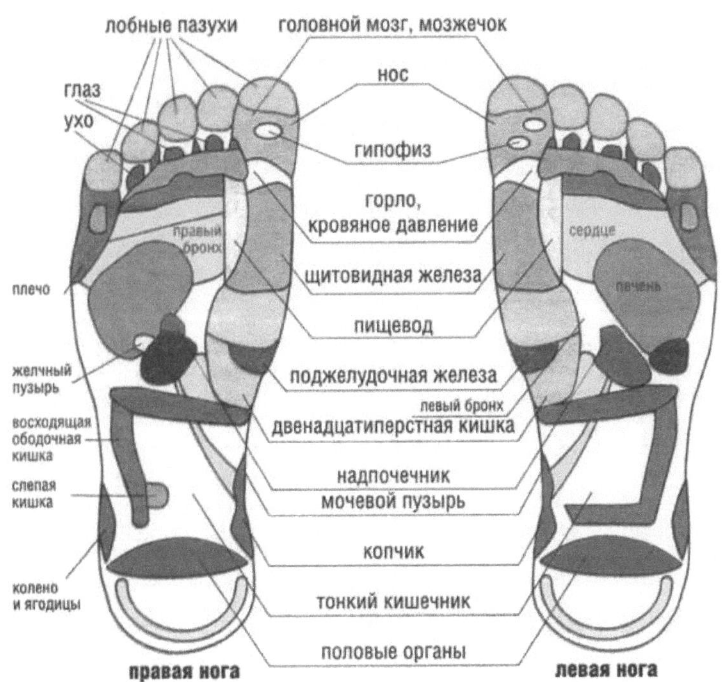

Wenn eine Person mit Nägeln auf einem Brett steht, werden fast alle Organe massiert und das Blut zirkuliert gleichmäßig im ganzen Körper:

- die Füße selbst werden trainiert, all die winzigen Knochen, Bänder und Mikromuskeln, die normalerweise nicht beteiligt sind, werden aktiviert; der Körper wird verjüngt, alle Beckenorgane werden wiederhergestellt;
- schärft die intuitive Wahrnehmung;
- verbessert und heilt die Arbeit des Nervensystems;
- Eigenschaften wie Ausdauer und Ausdauer entwickeln;
- Viele Ängste, die manchmal von Kindheit an leben, verschwinden, und die Vorstellungen über sich selbst und Ihre Fähigkeiten ändern sich.

Eine Minute auf Nägeln zu stehen entspricht 15 km barfuß.

5 Minuten morgens auf den Nägeln stehen ist belebender als eine Tasse Kaffee oder morgendliches Joggen. Das erste Mal habe ich diese Praxis auf einem Yoga-Festival ausprobiert, woraufhin die Anzeichen von Schlafmangel und Kopfschmerzen sofort verschwanden. Ich habe sofort einen Nagelhersteller gefunden und einen bestellt.

Sie haben wahrscheinlich ein Bild aus der Sowjetzeit gesehen, auf dem ein Yogi entspannt auf einem Brett mit Nägeln sitzt oder schläft. Es gab sogar die weit verbreitete Meinung, dass echte Yogis so schlafen.

Dann spiegelte sich diese exotische und beeindruckende Praxis in der Erfindung von II Kuznetsov wider, bekannt als "Kuznetsov-Ipplikator" (siehe auch den Artikel "Miracle Shakti-Mat").

Ivan Kuznetsov war kein Arzt, aber er versuchte, eine Krankheit zu heilen, gegen die die traditionelle Medizin machtlos war. Er hat die Werke der orientalischen Medizin studiert und ein Gerät mit vielen stacheligen Plastiknadeln konstruiert.

Jetzt auch beliebter Applikator Lyapko, bestehend aus Nadeln aus verschiedenen Metallen.

Aber selbst diese bemerkenswerten Erfindungen sind in Bezug auf die Wirkung nicht mit dem echten Brett zu vergleichen.

Die Sonnenwende, das Board of the Holy Yogins, das Board of the Sadhu, das Board of the Rishi ... Sie können verschiedene Namen für diesen Gegenstand finden. Ich habe nach Informationen darüber gesucht, wie die Praxis entstanden ist, wer sie zuerst beschrieben und angewendet hat, aber ich habe keine umfassende Antwort gefunden. Die Sonnenwende wird jedoch zusammen mit dem Gehen auf Kohlen in Russland zu einer ziemlich verbreiteten Praxis.

Wozu dienen Nägel?

Wer das ganze Jahr über auf jeglichem Untergrund barfuß läuft, wie Yoga selbst, wirkt sich ständig auf die Fußoberfläche aus, senkt die Schmerzschwelle und aktiviert reflexogene Punkte. Wir normalen Bürger gehen sogar in Flip-Flops über einen Kiesstrand – unsere Füße sind so empfindlich und schmerzhaft geworden.

Taubheit der Füße, eingeschränkte Beweglichkeit der Zehen, wachsende „Knochen" – unser Lohn für das ständige Tragen von Schuhen.

Viele Menschen haben die erstaunliche Wirkung der Sonnenwende erlebt. Eine vernünftige Erklärung wird jeder Reflexologe geben: Unser Fuß hat eine große Anzahl biologisch aktiver Punkte, die mit inneren Organen verbunden sind, die Wirkung auf diese Punkte hat eine starke tonisierende Wirkung und stimuliert die Arbeit aller Körpersysteme: Verdauungs-, Herz-Kreislauf-, Nerven-, Hormon-, etc.

Aber es geht nicht nur um biologisch aktive Punkte, deren Existenz die offizielle Medizin immer noch in Frage stellt. Der Aufprall scharfer Nägel verursacht deutlich spürbare Schmerzen (Reizungen), auf die der Körper Schutzreaktionen auslöst – erhöht die Durchblutung, entzündungshemmende Funktionen, verbessert die Blutversorgung der inneren Organe, einschließlich des Gehirns, aktiviert das Hormon- und Immunsystem, und andere.

Diese Schutzreaktionen helfen als Ergebnis, die eigentliche Krankheit zu bekämpfen, sowie den Körper zu „härten" und ihn auf mögliche widrige Umweltbedingungen vorzubereiten.

Ein zusätzlicher Bonus regelmäßiger Übungen mit dem Board ist die Gewichtskorrektur für diejenigen, die ständig abnehmen, die Reduzierung der notwendigen Zeit für Schlaf und Erholung und die Verbesserung der Leistung. Dies ist nur eine Folge einer starken heilenden Wirkung auf den Körper.

Weitere Arbeit oder Meditation

Um zu lernen, ein paar Minuten auf dem Brett zu stehen, wird es Zeit brauchen. Auch wenn Sie nur 20-30 Sekunden stehen können – das ist sehr gut, aber Sie werden den wirklichen Nutzen der Übung nach einigen Wochen Training spüren. Die oben beschriebenen Mechanismen beginnen nach 1-2 Minuten Stehen zu wirken, wenn der anfängliche Schock verschwindet und Sie beginnen, sich zu entspannen und sich an den Schmerz zu gewöhnen.

Ich stelle den Timer auf 5 Minuten, da ich das Gefühl habe, dass die Zeit beim Üben ganz anders abläuft und ich immer wieder überrascht bin, wenn der Timer anfängt zu piepsen, denn nach 3-4 Minuten geht der Schmerz überhaupt nicht mehr weg und ist größer als sonst Klarheit des Denkens und Konzentration.

Was als nächstes zu tun ist, ist Ihre Wahl: jemand meditiert, jemand übt Gedankenlosigkeit, arbeitet daran, den Willen und die Konzentration zu stärken. Ich spiele schöne Musik.

Es kann ein Verlangen nach spontanen Handlungen wie Lachen, Weinen oder Schreien bestehen – so brechen verkrampfte, tief verborgene Emotionen aus. Spontane Bewegungen der Hände, ein tiefes, gleichmäßiges Atmen, Lockern von Muskelverspannungen – all das löst Blockaden unseres Bewusstseins auf, zerstört festgefahrene alte Klischees.

Hier sind ein paar weitere Tipps für diejenigen, die sich entschieden haben, mit der Sonnenwende zu beginnen:

ANFANG

✔ Jedes Nagelintervall ist zum Stehen geeignet. Auf jedem wird nicht bequem stehen. Je kürzer das Intervall, desto einfacher der Start!

✔ Gestalten Sie Ihre Praxis so angenehm wie möglich. Wählen Sie nicht ablenkende Musik.

Es ist gut, Gedanken zu beobachten, und bevor Sie beginnen, sich einzustimmen und sich zu beruhigen, "verschwinden" Sie nicht.

ÜBERWINDUNG

✔ Beim Üben des Stehens ist es wichtig, die 5-Minuten-Grenze zu überwinden, dann werden alle mit Schmerz verbundenen Empfindungen abgestumpft und die Einstellung zum Üben wird sich ändern.

STEHENDE PRAXIS

✔ Beginnen Sie mit 20-40 Sekunden und erhöhen Sie das Intervall sequenziell. Machen Sie vorher ein 15-minütiges Training. Beginnen Sie mit den einfachsten Bewegungen im Stehen – das ist schwieriger, aber trotzdem ist die Übung auch nicht einfach. Bewegen Sie sich in Richtung der weichen maximalen Komplikation der Empfindungen, aber ohne über Bord zu gehen.

MIT DEM GEIST ARBEITEN

Eines der Ziele des Stehens ist es, alle emotionalen und mentalen Schwankungen zu beruhigen.

Es gibt diejenigen, die die Praxis verlassen haben, ohne auf die offensichtlichen Ergebnisse zu warten, die im Wesentlichen die gleichen Manifestationen eines RUHLOSEN GEISTES sind.

Beobachten Sie alle Manifestationen von Emotionen (Wut, Selbstmitleid usw.) und versuchen Sie sicherzustellen, dass diese Manifestationen nicht dazu führen, dass das Board herunterfällt.

HILFE IN DER PRAXIS

✔ Das Üben an Nägeln hilft bei der Disziplin und Kontinuität in der Praxis. Die Fähigkeit, diese stehende Praxis mit anderen persönlichen Aktivitäten zu kombinieren, hilft ebenfalls

Versuchen Sie, mit Unterstützung zu stehen, ohne Unterstützung, stellen Sie die Spannung im Körper fest, entspannen Sie sie. In der Regel werden die Füße und Beine bis zum Knie angespannt und es empfiehlt sich, diese mit Massagegriffen in der Schräglage zu dehnen.

Es ist möglich, ein dünnes Tuch oder ein Waffeltuch über den Nägeln zu verwenden, um das Gefühl zu lindern. Der Stoff hilft Ihnen, die Bewegungen auf den Brettern, das Gehen, das Bücken und andere Übungen zu lernen, die ein wesentlicher Bestandteil der Übung oder der nächste Teil davon sind.

DAS ERSTE LEVEL ERREICHEN

✔ Es ist notwendig, auf jede mögliche Weise bis zu 5-7 Minuten einzuplanen. Ein Zustand, nach dem Sie erkennen, dass Sie so lange stehen können, wie Sie können, und es gibt keinen Widerstand vom Körper, der Geist ist ruhig, aber es wird langweilig. An diesem Punkt ist Ihre erste Stufe bestanden und es besteht Interesse an weiterer Forschung …

LIZENZINFORMATIONEN

ANHANG 1

US-Patent **10.065.068**
Wilson **4. September 2018**

Verstellbares Rehabilitationsgerät für das Sprunggelenk

Abstrakt

Verschiedene Ausführungsformen stellen eine einstellbare Knöchelrehabilitationsvorrichtung zum Rehabilitieren von gerissenen Bändern bereit, die mit einem verstauchten Knöchel verbunden sind. Die Rehabilitationsvorrichtung kann eine ebene Plattform, die an einem Schuh befestigt ist, und eine Ausgleichsschiene umfassen, die einstellbar an der Unterseite der Plattform angebracht ist und sich von vorne nach hinten erstreckt. Die Ausgleichsschiene ist so konfiguriert, dass sie selektiv eine gewünschte Menge an Belastung auf den medialen Muskel oder alternativ auf den lateralen Muskel ausübt, indem die Ausgleichsschiene von Seite zu Seite eingestellt wird. Die Vorrichtung kann einstellbare Befestigungselemente umfassen, um die Ausgleichsschiene an einer gewünschten Position neben dem Boden der Plattform zu befestigen.

ANLAGE 2

US-Patent **9.616.283**
Heinecket al. **11. April 2017**

Therapiegerät

Abstrakt

Durch die Verwendung von Fußplatten und Führungsschienen mit betriebsmäßig nachführenden Oberflächen mit niedrigem Reibungskoeffizienten, die von einer Plattform getragen werden, wird eine therapeutische Vorrichtung mit geringer Belastung bereitgestellt. Die Vorrichtung umfasst einen Schienenstabilisator, der mit einer sich in Längsrichtung erstreckenden Aussparung oder einem Schlitz und einer verschiebbar montierten Fußplatte ausgestattet ist, die an ihrer Unterseite einen Längsvorsprung aufweist, der verschiebbar in der Schienenaussparung gehalten wird. Das therapeutische Gerät kann so ausgelegt sein, dass es unter einer relativ mühelosen Belastung bei einem niedrigen Reibungskoeffizienten arbeitet. Das therapeutische Gerät ist nützlich für Knieersatz, Schlaganfallopfer, ACL-Reparatur und andere therapeutische Behandlungen, die eine nominelle anfängliche Bewegungsanstrengung für die Rehabilitation erfordern. Das Gerät kann als ein- oder zweifüßiges Gerät mit geringem Gewicht bereitgestellt werden, das besonders nützlich in einer sitzenden oder liegenden Patientenposition ist.

ANHANG 3

US-Patent	**9.532.916**
Tsuiet al.	**3. Januar 2017**

Tragbares Krafthilfsgerät für die Handrehabilitation

Abstrakt

Ein tragbares Krafthilfsgerät für die Handrehabilitation umfasst eine Handstütze mit einer äußeren Plattform und einer inneren Plattform, die mit der äußeren Plattform verbunden und von dieser nach innen beabstandet ist. Fünf Fingeranordnungen sind einstellbar an dem distalen Ende der externen Plattform angebracht und erstrecken sich von diesem. Jede Fingeranordnung umfasst eine proximale Mitnehmeranordnung für ein metakarpophalangeales Gelenk. Fünf Motoren werden verwendet, um jeweils die fünf Fingeranordnungen zu betätigen. Jeder Motor ist in unmittelbarer Nähe der externen Plattform montiert und hat ein Ende, das mit der externen Plattform verbunden ist, und ein anderes Ende, das mit seiner proximalen Mitnehmeranordnung durch ein Kugelgelenk gekoppelt ist, um die Kraftübertragung zu erleichtern und die mechanische Belastung auf die anderen Teile des Motors zu minimieren Gerät.

ANHANG 4

US-Patent	**7.255.619**
Rasmussen	**14. August 2007**

Wassergerät mit variablem Widerstand und Verfahren zu seiner Verwendung

Abstrakt

Ein Wassergerät ist in einer Wasserumgebung für eine Vielzahl von Zwecken verwendbar, wie zum Beispiel physikalische Therapie, Rehabilitation und/oder körperliche Betätigung. Das Wassergerät ermöglicht es einer Person, einen Geh- oder

Laufgangzyklus in der Wasserumgebung zu simulieren, wodurch die mit dem Gehen oder Laufen auf dem Boden verbundene Belastung/Belastung verringert wird. Ein Wassergerät umfasst ein Fußaufnahmeelement, das drehbar mit einem Flossenelement gekoppelt ist. Wenn sich das Flossenelement in einer ausgefahrenen Position befindet, bietet es einen erhöhten Widerstand, wenn die Person versucht, in der aquatischen Umgebung zu gehen oder zu laufen. Während eines Gehens oder Laufens bewegt sich das Flossenelement in eine gefaltete Position, wodurch der Widerstand des Wassers auf dem Wassergerät verringert wird. Das Wassergerät ist anpassbar und modifizierbar, um unterschiedliche Formen, Designs, Größen, Widerstandsniveaus und/oder andere Aspekte aufzuweisen.

ANHANG 5

US-Patent	**6.056.613**
Pike	**2. Mai 2000**

Mehrzweck-Schwimmgerät für Erholungs-, Trainings-, Schulungs- und Rehabilitationszwecke

Abstrakt

Wassergymnastikgeräte, eine seit kurzem populäre Form der Übung und Therapie, bieten dem Körper aufgrund ihrer Nutzung des Wasserwiderstands und ihres Auftriebs einzigartige Betriebsbedingungen. Durch die richtige Nutzung des Wasserwiderstands können solche Geräte dem Körper ein hervorragendes Muskel- und Herz-Kreislauf-Training bieten, gleichzeitig eliminiert der von diesen Geräten gebotene Auftrieb den Stress und die Verletzungen, die mit den erschütternden Auswirkungen von Übungen an Land wie Laufen und Aerobic verbunden sind . Es ist auch eine Aufgabe der vorliegenden Erfindung, ein Wasserübungsgerät bereitzustellen, das eine einzelne Einheit ist. Der Erfinder begann 1995 aus gesundheitlichen Gründen mit dem Besuch eines Wassergymnastikkurses. Das Training im Wasser nahm den größten Teil der Schmerzen aus der Bewegung, aber die Erfinderin stellte fest, dass sie sich immer noch verletzte. Sie strebte danach, einen wahrhaft schwerelosen Zustand zu erreichen, in dem sie ihren Körper konditionieren konnte. Sie probierte die verschiedenen Geräte aus, die von der Poolanlage bereitgestellt wurden, aber keines erwies sich als effektiv, um ihr das belastungsfreie Training zu ermöglichen, das sie unbedingt finden wollte. Mit einem zu lösenden Problem experimentierte, veränderte und entwarf der Erfinder eine neue und verbesserte Schwimmvorrichtung, die sich in ihrer Anpassbarkeit an zahlreiche Anwendungen einzigartig unterscheidet. Eine einzigartig unterschiedliche Schwimmvorrichtung dieser Erfindung geht über die restriktiven Gestaltungen des Standes der Technik hinaus, die dafür ausgelegt sind, den einen oder anderen Aspekt der aquatischen Sicherheit, Übung, Rehabilitation oder Erholung anzusprechen. Diese Erfindung passt sich der Verwendung in einer Vielzahl von Ausdrücken aus dem Wasser-Yoga an, einer einzigartigen Synergie aus alter östlicher Kultur und moderner Technologie; zu Aqua-Aerobic-Übungen, die kardiovaskuläre Verbesserungsaktivitäten beinhalten; Rehabilitation von körperlichen Verletzungen oder Krankheiten; sowie die grundlegenden Aspekte der Wassersicherheit und das Erlernen des Schwimmens. Schwimmgerät für verschiedene Übungs-, Unterrichts-, Rehabilitations-, Therapie- und/oder Erholungszwecke; Diese Erfindung bietet eine Schwimmunterstützung wie kein anderes Produkt auf dem Markt aufgrund ihres einzigartigen Designs und ihrer Flexibilität und der vielfältigen Möglichkeiten, auf die sie verwendet werden kann. Mit dieser Erfindung ist es möglich, auf dem Rücken zu schweben und sich durch verschiedene Wasser-Yoga-Entspannungsbewegungen und Dehnungen zu bewegen; fahren Sie es wie einen Fahrradsitz; setze dich darauf wie auf eine Schaukel; Wickeln Sie es um den Oberkörper und befestigen Sie es für Tiefwassertraining und / oder für diejenigen, die sich im Wasser unwohl fühlen, aber aus Gesundheits- und / oder Rehabilitationsgründen einsteigen müssen; halte es mit den Händen; schieben Sie es unter die Arme, von vorne nach hinten oder von hinten nach vorne; alles, um sich durch verschiedene Übungen für Gesundheit, Rehabilitation und Spaß zu bewegen. Die Variation wird verwendet, um eine überlegene Flotation in einem Clip-on-Stil zu bieten. Wenn diese Erfindung um den Torso, die Brust und um den Nacken herum befestigt ist, erhält der Träger eine handfreie Stütze. Während er die Erfindung trägt, kann der Träger nach vorne schweben, um zu schwimmen und Bewegungen zu lernen; Treten Sie Wasser in einer aufrechten Position; und/oder in Rückenlage schweben; alle mit vollständiger Bewegungsfreiheit der Gliedmaßen und/oder des Oberkörpers. Diese Variation der Erfindung kann beim Schwimmunterricht, der Schwimmbeckensicherheit, der Rehabilitation, der Erholung, dem Unterricht und der allgemeinen Schwimmbeckensicherheit verwendet werden. der Träger erhält eine handfreie Unterstützung. Während er die Erfindung trägt, kann der Träger nach vorne schweben, um zu schwimmen und Bewegungen zu lernen; Treten Sie Wasser in einer aufrechten Position; und/oder in Rückenlage schweben; alle mit vollständiger Bewegungsfreiheit der Gliedmaßen und/oder des Oberkörpers. Diese Variation der Erfindung kann beim Schwimmunterricht, der Schwimmbeckensicherheit, der Rehabilitation, der Erholung, dem Unterricht und der allgemeinen Schwimmbeckensicherheit verwendet werden. der Träger erhält eine handfreie Unterstützung. Während er die Erfindung trägt, kann der Träger nach vorne schweben, um zu schwimmen und Bewegungen zu lernen; Treten Sie Wasser in einer aufrechten Position; und/oder in Rückenlage schweben; alle mit vollständiger Bewegungsfreiheit der Gliedmaßen und/oder des Oberkörpers. Diese Variation der Erfindung kann beim Schwimmunterricht, der Schwimmbeckensicherheit, der Rehabilitation, der Erholung, dem Unterricht und der allgemeinen Schwimmbeckensicherheit verwendet werden.

ANHANG 6

US-Patent **5.476.429**

Bigelowet al. **19. Dezember 1995**

Laufband zur Verwendung mit einem Rollstuhl

Abstrakt

Ein Trainingsgerät für den Insassen eines Rollstuhls, der als Laufband dient und für Herzbelastungstests, Herz- oder Schlaganfallrehabilitation, Fitnesstraining, Aerobic-Training oder Lern-/Körperspiele verwendet werden kann, wobei das Gerät eine im Allgemeinen geneigte Rampe mit parallelen Seiten umfasst, einen vorderen Eingangsabschnitt, einen beweglichen Rollwagen, der auf Schienen an den Seiten der Rampe montiert ist, wobei der Rollwagen ein Paar seitlich beweglicher Laufrollenaufnahmeplatten mit Öffnungen zur Aufnahme der vorderen Laufrollen eines Rollstuhls und Winkelstangen aufweist, die mit den Antriebsrädern des Rollstuhls zusammenwirken Einstellen des seitlichen Abstands der Platten, Verriegelungsmittel für den Dolly, um ihn in seiner vorderen Position zu halten, separate Verriegelungsmittel, um den Dolly in seiner hinteren Position zu verriegeln, wenn ein Rollstuhl auf die Rampe in Betriebsposition bewegt wurde,ein Paar vergrößerter Öffnungen angrenzend an die Hinterkante der Rampe und ein Paar längsbeweglicher Rollen unterhalb der Rampe und bewegbar zwischen einer hinteren eingefahrenen Position, die eine teilweise Aufnahme der Antriebsräder des Rollstuhls in den Öffnungen ermöglicht, und einer vorderen Position unter den Antriebsrädern um die Antriebsräder in Eingriff zu bringen und anzuheben, so dass der Benutzer die Antriebsräder des Rollstuhls manuell drehen kann, um die Rollen zu drehen und Signale an eine Steuervorrichtung für die gewünschte Art von Training, Prüfung oder Rehabilitation zu liefern.und ein Paar in Längsrichtung beweglicher Rollen unter der Rampe, die zwischen einer hinteren eingezogenen Position, die eine teilweise Aufnahme der Antriebsräder des Rollstuhls in den Öffnungen ermöglicht, und einer vorderen Position unter den Antriebsrädern bewegbar sind, um mit den Antriebsrädern in Eingriff zu kommen und sie anzuheben, so dass der Benutzer dies manuell tun kann die Antriebsräder des Rollstuhls drehen, um die Rollen zu drehen und Signale an eine Steuervorrichtung für die gewünschte Art von Training, Prüfung oder Rehabilitation zu liefern.und ein Paar in Längsrichtung beweglicher Rollen unter der Rampe, die zwischen einer hinteren eingezogenen Position, die eine teilweise Aufnahme der Antriebsräder des Rollstuhls in den Öffnungen ermöglicht, und einer vorderen Position unter den Antriebsrädern bewegbar sind, um mit den Antriebsrädern in Eingriff zu kommen und sie anzuheben, so dass der Benutzer dies manuell tun kann die Antriebsräder des Rollstuhls drehen, um die Rollen zu drehen und Signale an eine Steuervorrichtung für die gewünschte Art von Training, Prüfung oder Rehabilitation zu liefern.

ANHANG 7

Patentanmeldung der Vereinigten Staaten	**20130261514**
Art-Code	**A1**
TSUI; Michael Kam Fai; et al.	**3. Oktober 2013**

TRAGBARES ELEKTRISCHES UNTERSTÜTZUNGSGERÄT FÜR DIE REHABILITATION DER HAND

Abstrakt

Ein tragbares Krafthilfsgerät für die Handrehabilitation umfasst eine Handstütze mit einer äußeren Plattform und einer inneren Plattform, die mit der äußeren Plattform verbunden und von dieser nach innen beabstandet ist. Fünf Fingeranordnungen sind einstellbar an dem distalen Ende der externen Plattform angebracht und erstrecken sich von diesem. Jede Fingeranordnung umfasst eine proximale Mitnehmeranordnung für ein metakarpophalangeales Gelenk. Fünf Motoren werden verwendet, um jeweils die fünf Fingeranordnungen zu betätigen. Jeder Motor ist in unmittelbarer Nähe der externen Plattform montiert und hat ein Ende, das mit der externen Plattform verbunden ist, und ein anderes Ende, das mit seiner proximalen Mitnehmeranordnung durch ein Kugelgelenk gekoppelt ist, um die Kraftübertragung zu erleichtern und die mechanische Belastung auf die anderen Teile des Motors zu minimieren Gerät.

ANHANG 8

Patentanmeldung der Vereinigten Staaten	**20120329611**
Art-Code	**A1**
Bouchard; Markus; et al.	**27. Dezember 2012**

Motorisiertes Unterkörper-Rehabilitationsgerät und Verfahren

Abstrakt

Offenbart ist ein motorisiertes Rehabilitationsgerät und -verfahren für behinderte, beeinträchtigte oder verletzte Personen, das einen richtigen Gang trainiert, die Durchblutung erhöht, Stress abbaut und Muskeln und Gelenke des Unterkörpers rekonditioniert. Die Vorrichtung umfasst ein angetriebenes stationäres Fahrrad mit einem Sitz, Lenkergriffen und rotierenden Fußpedalen, die eine Bewegungseingabe von einem Elektromotor und eine Benutzereingabe erhalten. Die Vorrichtung umfasst ferner ein Paar Oberschenkelstützen, die zwischen den Oberschenkeln des Benutzers über ein gelenkiges Glied und eine Kette miteinander verbunden sind, die die Gliedmaßen einer Person durch die Pedaldrehung steuert und trainiert. Das offenbarte Verfahren kombiniert ferner das vorliegende Fahrradgerät zur Rehabilitation in Verbindung mit visuellen Stimuli in Form einer dreidimensionalen Fernsehanzeige, die Endorphine stimuliert,

ANHANG 9

Patentanmeldung der Vereinigten Staaten	**20070093153**
Art-Code	**A1**
Rasmussen; Scott K.	**26. April 2007**

Wassergerät mit variablem Widerstand und Verfahren zu seiner Verwendung

Abstrakt

Ein Wassergerät ist in einer Wasserumgebung für eine Vielzahl von Zwecken verwendbar, wie zum Beispiel physikalische Therapie, Rehabilitation und/oder körperliche Betätigung. Das Wassergerät ermöglicht es einer Person, einen Geh- oder Laufgangzyklus in der Wasserumgebung zu simulieren, wodurch die mit dem Gehen oder Laufen auf dem Boden verbundene Belastung/Belastung verringert wird. Ein Wassergerät umfasst ein Fußaufnahmeelement, das drehbar mit einem Flossenelement gekoppelt ist. Wenn sich das Flossenelement in einer ausgefahrenen Position befindet, bietet es einen erhöhten Widerstand, wenn die Person versucht, in der aquatischen Umgebung zu gehen oder zu laufen. Während eines Gehens oder Laufens bewegt sich das Flossenelement in eine gefaltete Position, wodurch der Widerstand des Wassers auf dem Wassergerät verringert wird. Das Wassergerät ist anpassbar und modifizierbar, um unterschiedliche Formen, Designs, Größen, Widerstandsniveaus und/oder andere Aspekte aufzuweisen.

ANHANG 10

Patentanmeldung der Vereinigten Staaten	**20060211937**
Art-Code	**A1**
Eldridge; Robert	**21. September 2006**

Kleidungsstück zur Erleichterung der Verwendung eines tragbaren Monitorgeräts

Abstrakt

Ein Kleidungsstück, das dazu konfiguriert ist, ein tragbares medizinisches Gerät zu halten, und insbesondere ein modifiziertes Oberkleidungsstück, um einen Herzmonitor zu halten, zu sichern und zu verbergen, während es einen einfachen und unauffälligen Zugang zu kardialen Ableitungspunkten an einem Patienten ermöglicht. Das Kleidungsstück hat eine Außentasche für einen Monitor. Es hat ferner eine Vielzahl von Öffnungen, um das Anbringen von Überwachungskabeln an einem Patienten zu ermöglichen, ohne dass das Kleidungsstück entfernt werden muss. Die Öffnungen können auch Verschlussmittel aufweisen. Das Kleidungsstück bietet Bescheidenheit, Komfort, Haltbarkeit und ein attraktives Aussehen. Das Kleidungsstück kann für die Verwendung in allen Herzrehabilitationssituationen, einschließlich Belastungs- und Belastungstests, konfiguriert werden. Das gesamte Kleidungsstück besteht aus röntgentransparenten Materialien.

ANHANG 11

Patentanmeldung der Vereinigten Staaten	**20060142680**
Art-Code	**A1**
Jarokken; Michael Anton	**29. Juni 2006**

Aktive Unterstützung für Sprunggelenk, Knie und andere menschliche Gelenke

Abstrakt

Ein menschliches Gelenkunterstützungsgerät, das ein Drehmoment auf das Gelenk ausübt, um die physiologischen Belastungskräfte zu unterstützen, d. h. die lasttragende Aufgabe des Gelenks und der umgebenden Muskeln, Sehnen und Bänder. Die Anwendung dieses Geräts reduziert den physiologischen Kraftaufwand und kann in Bezug auf die Unterstützungsstufe angepasst werden, um dem Problem der Gelenkbewegung gerecht zu werden, und ist nützlich für die Gelenkrehabilitation und sportliche Aktivitäten. Dies führt unter anderem zu einer Verringerung der körperlichen Kraftanstrengung in einer Weise, die es erleichtert, die mit der Streckung verbundenen Hebel (Röhrenknochen) gegen einen gegebenen Widerstand zu strecken. Zum Beispiel reduziert das Aufstehen aus einer geduckten Position mit Hilfe dieses Geräts die Belastung der physiologischen Glieder, die mit der Gelenkartikulation verbunden sind.

ANHANG 12

Patentanmeldung der Vereinigten Staaten	**20180001172**
Art-Code	**A1**
SUTTA; Peter; et al.	**4. Januar 2018**

STRUKTUR DES ZUBEHÖRELEMENTS FÜR DIE AUSSTATTUNG EINES FLOOBALL-TRAININGSPLATZES UND DEREN VERWENDUNG ZUR BILDUNG EINES FLOOBALL-SIMULATORS

Abstrakt

Die Erfindung bezieht sich auf die Ausrüstung der Trainingsbahn für Unihockey, die Herstellung von Strukturelementen für Übungsgeräte unter Anwendung des Konzepts der Bespannung von Tennisschlägern. Vorgeschlagene Konstruktion eines Hilfselements für eine Floorball-Spielfeldanordnung, dadurch gekennzeichnet, dass es als Gitterwerk hergestellt ist, das gebildet wird durch: zwei parallele Endplatten; mehrere Gewindestangen als Versteifungselemente; zwei elastische Schnurstrukturen, die in zwei parallelen Ebenen angeordnet sind, wobei jede davon eine Seite des erwähnten Gitterwerks darstellt und versehen ist mit: – Löchern zum Befestigen von Gewindestangen, die Steifigkeit und Tragfähigkeit der Hilfselement-Rahmenstruktur gewährleisten; --Löcher für kreuz und quer verlaufende Besaitung in zwei parallelen Ebenen und Saitenbefestigung an den genannten Endplatten unabhängig voneinander.

ANHANG 13

Patentanmeldung der Vereinigten Staaten	**20160296815**
Art-Code	**A1**
Pindrik; Michael	**13. Oktober 2016**

Mehr zu Bouncing Ball

Abstrakt

Leicht zu montierendes und zu demontierendes Spielgerät, das es einem einzelnen Spieler ermöglicht, ein mit Tennis und/oder Tischtennis vergleichbares Spiel in einer Umgebung mit begrenztem Platz zu spielen. Das vorgeschlagene Spielgerät ermöglicht auch einem einzelnen Spieler, seine oder ihre Fähigkeiten zu perfektionieren.

Printed by Books on Demand GmbH, Norderstedt / Germany